# ᛏᚱᚨᚾᛋᛚᚨᛏᛖ

**Translated Language Learning**

# The Nightingale and the Rose

Bülbül ve Gül

Oscar Wilde

English / Türkçe

Copyright © 2023 Tranzlaty
All rights reserved.
ISBN: 978-1-83566-006-5
Original text by Oscar Wilde
**The Nightingale and the Rose**
Written in 1888 in English
**www.tranzlaty.com**

# The Nightingale and the Rose
## Bülbül ve Gül

**'She said that she would dance with me if I brought her red roses'**
'Kırmızı güllerini getirirsem benimle dans edeceğini söyledi'
**'but in all my garden there is no red rose' cried the young Student**
"Ama bütün bahçemde kırmızı gül yok," diye bağırdı genç öğrenci
**from her nest in the holm-oak tree the nightingale heard him**
Holm-meşe ağacındaki yuvasından bülbül onu duydu
**and she looked out through the leaves, and wondered**
ve yaprakların arasından dışarı baktı ve merak etti

**'No red rose in all my garden!' he cried**
"Bütün bahçemde kırmızı gül yok!" diye bağırdı
**and his beautiful eyes filled with tears**
ve güzel gözleri yaşlarla doldu
**'On what little things does happiness depend!'**
"Mutluluk hangi küçük şeylere bağlıdır!"
**'I have read all that the wise men have written'**
'Bilge adamların yazdıkları her şeyi okudum'
**'all the secrets of philosophy are mine'**
'Felsefenin tüm sırları benim'
**'yet for want of a red rose my life is made wretched'**
'Yine de kırmızı bir gül istediğim için hayatım perişan oldu'

**'Here at last is a true lover,' said the nightingale**
"İşte sonunda gerçek bir aşık," dedi bülbül
**'Night after night have I sung of him, though I knew him not'**
"Geceler boyu onun hakkında şarkı söyledim, ama onu tanımıyordum."
**'Night after night have I told his story to the stars'**
'Geceler boyu onun hikayesini yıldızlara anlattım'
**'and now I see him'**
've şimdi onu görüyorum'

**'His hair is as dark as the hyacinth-blossom'**
'Saçları sümbül çiçeği kadar koyu'
**'and his lips are as red as the rose of his desire'**
"Ve dudakları arzusunun gülü kadar kırmızıdır."
**'but passion has made his face like pale Ivory'**
'Ama tutku yüzünü soluk Fildişi gibi yaptı'
**'and sorrow has set her seal upon his brow'**
"Ve üzüntü onun kaşına mühür vurdu"

**'The Prince has organized a ball tomorrow,' said the young student**
"Prens yarın bir balo düzenledi," dedi genç öğrenci
**'and my love will be there'**
'Ve aşkım orada olacak'
**'If I bring her a red rose, she will dance with me'**
'Ona kırmızı bir gül getirirsem, benimle dans edecek'
**'If I bring her a red rose, I will hold her in my arms'**
'Ona kırmızı bir gül getirirsem, onu kollarımda tutarım'
**'and she will lean her head upon my shoulder'**
"Ve başını omzuma yaslayacak"
**'and her hand will be clasped in mine'**
'Ve onun eli benimkine kenetlenecek'

**'But there is no red rose in my garden'**
'Ama bahçemde kırmızı gül yok'
**'so I will sit lonely'**
'Bu yüzden yalnız oturacağım'
**'and she will go past me'**
'Ve o beni geçecek'
**'She will have no heed of me'**
'Bana aldırış etmeyecek'
**'and my heart will break'**
'Ve kalbim kırılacak'

**'Here indeed is the true lover,' said the nightingale**
"İşte gerçek sevgili burada," dedi bülbül
**'What I sing of he suffers'**

'Onun için ne söylersem söyleyeyim acı çekiyor'
**'what is joy to me is pain to him'**
'Benim için sevinç olan şey onun için acıdır'
**'Surely love is a wonderful thing'**
'Elbette aşk harika bir şey'
**'love is more precious than emeralds'**
'Aşk zümrütlerden daha değerlidir'

**'and love is dearer than fine opals'**
'Ve aşk ince opallerden daha değerlidir'
**'Pearls and pomegranates cannot buy love'**
'İnciler ve narlar aşkı satın alamaz'
**'nor is love sold in the market-place'**
'Aşk pazar yerinde de satılmaz'
**'love can not be bought from merchants'**
'Aşk tüccarlardan satın alınamaz'
**'nor can love be weighed on a balance for gold'**
'Aşk altın terazisinde de tartılamaz'

**'The musicians will sit in their gallery,' said the young student**
"Müzisyenler galerilerinde oturacaklar," dedi genç öğrenci
**'and they will play upon their stringed instruments'**
've telli çalgılarında çalacaklar'
**'and my love will dance to the sound of the harp'**
'Ve aşkım arpın sesiyle dans edecek'
**'and she will dance to the sound of the violin'**
've kemanın sesiyle dans edecek'
**'She will dance so lightly her feet won't touch the floor'**
'O kadar hafif dans edecek ki ayakları yere değmeyecek'

**'and the courtiers will throng round her'**
've saray mensupları onun etrafında koşuşturacaklar'
**'but she will not dance with me'**
'Ama benimle dans etmeyecek'
**'because I have no red rose to give her'**
"Çünkü ona verecek kırmızı gülüm yok"
**he flung himself down on the grass**

Kendini çimlerin üzerine attı
**and he buried his face in his hands and wept**
ve yüzünü ellerine gömdü ve ağladı

**'Why is he weeping?' asked a little Green Lizard**
"Neden ağlıyor?" diye sordu küçük Yeşil Kertenkele
**while he ran past with his tail in the air**
kuyruğunu havada tutarak yanından koşarken
**'Why indeed?' said a Butterfly**
"Neden gerçekten?" dedi bir Kelebek
**while he was fluttering about after a sunbeam**
bir güneş ışınından sonra çırpınırken
**'Why indeed?' whispered a daisy to his neighbour in a soft, low voice**
"Neden gerçekten?" diye fısıldadı komşusuna yumuşak, alçak sesle bir papatya

**'He is weeping for a red rose,' said the nightingale**
"Kırmızı bir gül için ağlıyor," dedi bülbül
**'For a red rose!?' they exclaimed**
"Kırmızı bir gül için!?" diye bağırdılar
**'how very ridiculous!'**
'ne kadar saçma!'
**and the little Lizard, who was something of a cynic, laughed outright**
ve alaycı bir şey olan küçük Kertenkele düpedüz güldü

**But the nightingale understood the secret of the student's sorrow**
Ama bülbül, öğrencinin üzüntüsünün sırrını anladı
**and she sat silent in the oak-tree**
ve meşe ağacında sessizce oturdu
**and she thought about the mystery of love**
Ve aşkın gizemini düşündü
**Suddenly she spread her brown wings**
Birdenbire kahverengi kanatlarını açtı
**and she soared into the air**
ve havaya uçtu

**She passed through the grove like a shadow**
Korudan bir gölge gibi geçti
**and like a shadow she sailed across the garden**
ve bir gölge gibi bahçede yelken açtı
**In the centre of the garden was a beautiful rose-tree**
Bahçenin ortasında güzel bir gül ağacı vardı
**and when she saw the rose-tree, she flew over to it**
Gül ağacını görünce ona doğru uçtu
**and she perched upon a twig**
ve bir dalın üzerine tünedi

**'Give me a red rose,' she cried**
"Bana kırmızı bir gül ver," diye bağırdı
**'give me a red rose and I will sing you my sweetest song'**
'Bana kırmızı bir gül ver ve sana en tatlı şarkımı söyleyeyim'
**But the Tree shook its head**
Ama Ağaç başını salladı
**'My roses are white,' the rose-tree answered**
"Güllerim beyaz," diye yanıtladı gül ağacı

**'as white as the foam of the sea'**
'Denizin köpüğü kadar beyaz'
**'and whiter than the snow upon the mountain'**
've dağdaki kardan daha beyaz'
**'But go to my brother who grows round the old sun-dial'**
"Ama eski güneş saatinin etrafında büyüyen kardeşime git."
**'perhaps he will give you what you want'**
'Belki sana istediğini verir'

**So the nightingale flew over to his brother**
Böylece bülbül kardeşinin yanına uçtu
**the rose-tree growing round the old sun-dial**
Eski güneş saatinin etrafında büyüyen gül ağacı
**'Give me a red rose,' she cried**
"Bana kırmızı bir gül ver," diye bağırdı
**'give me a red rose and I will sing you my sweetest song'**
'Bana kırmızı bir gül ver ve sana en tatlı şarkımı söyleyeyim'

**But the rose-tree shook its head**
Ama gül ağacı başını salladı
**'My roses are yellow,' the rose-tree answered**
"Güllerim sarı," diye yanıtladı gül ağacı

**'as yellow as the hair of a mermaid'**
'Bir deniz kızının saçı kadar sarı'
**'and yellower than the daffodil that blooms in the meadow'**
've çayırda açan nergisten daha sarı'
**'before the mower comes with his scythe'**
'biçme makinesi tırpanıyla gelmeden önce'
**'but go to my brother who grows beneath the student's window'**
"Ama öğrencinin penceresinin altında büyüyen kardeşime git."
**'and perhaps he will give you what you want'**
'Ve belki de sana istediğini verir'

**So the nightingale flew over to his brother**
Böylece bülbül kardeşinin yanına uçtu
**the rose-tree growing beneath the student's window**
öğrencinin penceresinin altında büyüyen gül ağacı
**'give me a red rose,' she cried**
"Bana kırmızı bir gül ver," diye bağırdı
**'give me a red rose and I will sing you my sweetest song'**
'Bana kırmızı bir gül ver ve sana en tatlı şarkımı söyleyeyim'
**But the rose-tree shook its head**
Ama gül ağacı başını salladı

**'My roses are red,' the rose-tree answered**
"Güllerim kırmızı," diye yanıtladı gül ağacı
**'as red as the feet of the dove'**
'güvercinin ayakları kadar kırmızı'
**'and redder than the great fans of coral'**
've mercanın büyük hayranlarından daha kırmızı'
**'the corals that sway in the ocean-cavern'**
'Okyanus mağarasında sallanan mercanlar'

'But the winter has chilled my veins'
'Ama kış damarlarımı soğuttu'
'and the frost has nipped my buds'
'Ve don tomurcuklarımı kıstırdı'
'and the storm has broken my branches'
'Ve fırtına dallarımı kırdı'
'and I shall have no roses at all this year'
"Ve bu yıl hiç gülüm olmayacak"

'One red rose is all I want,' cried the nightingale
"Tek istediğim bir kırmızı gül," diye bağırdı bülbül
'Is there no way by which I can get it?'
"Onu elde etmemin bir yolu yok mu?"
'There is a way' answered the rose-tree
"Bir yolu var," diye yanıtladı gül ağacı.
'but it is so terrible that I dare not tell you'
"Ama o kadar korkunç ki sana söylemeye cesaret edemiyorum."
'Tell it to me' said the nightingale
"Bana söyle," dedi bülbül
'I am not afraid'
'Korkmuyorum'

'If you want a red rose,' said the rose-tree
"Kırmızı bir gül istiyorsan," dedi gül ağacı
'if you want a red rose you must build the rose out of music'
'Kırmızı bir gül istiyorsan, gülü müzikten inşa etmelisin'
'while the moonlight shines upon you'
'Ay ışığı üzerinizde parlarken'
'and you must stain the rose with your own heart's blood'
"Ve gülü kendi kalbinin kanıyla lekelemelisin."

'You must sing to me with your breast against a thorn'
'Bana göğsünü dikene karşı söyleyerek şarkı söylemelisin'
'All night long you must sing to me'
'Bütün gece bana şarkı söylemelisin'
'the thorn must pierce your heart'
'Diken kalbini delmeli'

'your life-blood must flow into my veins'
'Senin can kanın damarlarıma akmalı'
'and your life-blood must become my own'
"Ve senin can kanın benim kanım olmalı"

'Death is a high price to pay for a red rose,' cried the nightingale
"Ölüm, kırmızı bir gül için ödenecek yüksek bir bedeldir," diye bağırdı bülbül
'life is very dear to all'
'Hayat herkes için çok değerli'
'It is pleasant to sit in the green wood'
'Yeşil ormanda oturmak keyifli'
'it is nice to watch the sun in his chariot of gold'
'Altın arabasında güneşi izlemek güzel'
'and it is nice to watch the moon in her chariot of pearl'
'Ve Ay'ı İnci Arabası'nda izlemek güzel'

'sweet is the scent of the hawthorn'
'Tatlı alıç kokusudur'
'sweet are the bluebells that hide in the valley'
'Tatlı, vadide saklanan mavi çanlar'
'and sweet is the heather that blows on the hill'
'Ve tatlı, tepede esen heather'dır'
'Yet love is better than life'
'Oysa aşk hayattan daha iyidir'

'and what is the heart of a bird compared to the heart of a man?'
"Peki bir insanın kalbiyle karşılaştırıldığında bir kuşun kalbi nedir?"
So she spread her brown wings for flight
Bu yüzden kahverengi kanatlarını uçuş için açtı
and she soared into the air
ve havaya uçtu
She swept over the garden like a shadow
Bahçeyi bir gölge gibi süpürdü

**and like a shadow she sailed through the grove**
ve bir gölge gibi koruda yelken açtı

**The young Student was still lying in the garden**
Genç Öğrenci hala bahçede yatıyordu
**and his tears were not yet dry in his beautiful eyes**
ve gözyaşları güzel gözlerinde henüz kurumamıştı
**'Be happy,' cried the nightingale**
"Mutlu ol," diye bağırdı bülbül
**'you shall have your red rose'**
'Kırmızı gülünü alacaksın'
**'I will make your rose out of music'**
'Gülünü müzikten çıkaracağım'
**'while the moonlight shines upon me'**
'Ay ışığı üzerimde parlarken'

**'and I will stain your rose with my own heart's blood'**
"Ve gülünü kendi kalbimin kanıyla lekeleyeceğim"
**'All that I ask of you in return is that you will be a true lover'**
"Karşılığında senden istediğim tek şey gerçek bir sevgili olman."
**'because love is wiser than Philosophy, though she is wise'**
"Çünkü aşk, bilge olmasına rağmen felsefeden daha bilgedir."
**'and love is mightier than power, though he is mighty'**
"Ve sevgi, kudretli olmasına rağmen, güçten daha güçlüdür."

**'flame-coloured are his wings'**
'Alev rengi kanatları'
**'and coloured like flame is his body'**
've alev gibi renklenmiş bedeni'
**'His lips are as sweet as honey'**
'Dudakları bal kadar tatlı'
**'and his breath is like frankincense'**
've nefesi tütsü gibi'

**The Student looked up from the grass**
Öğrenci çimenlerden yukarı baktı
**and he listened to the nightingale**

ve bülbülü dinledi
**but he could not understand what she was saying**
ama ne dediğini anlayamadı
**because he only knew what he had read in books**
çünkü sadece kitaplarda okuduklarını biliyordu
**But the Oak-tree understood, and he felt sad**
Ama Meşe ağacı anladı ve üzüldü

**he was very fond of the little nightingale**
Küçük bülbüle çok düşkündü
**because she had built her nest in his branches**
çünkü yuvasını onun dallarına inşa etmişti
**'Sing one last song for me,' he whispered**
"Benim için son bir şarkı söyle," diye fısıldadı
**'I shall feel very lonely when you are gone'**
'Sen gittiğinde kendimi çok yalnız hissedeceğim'
**So the nightingale sang to the Oak-tree**
Böylece bülbül Meşe ağacına şarkı söyledi
**and her voice was like water bubbling from a silver jar**
ve sesi gümüş bir kavanozdan köpüren su gibiydi

**When she had finished her song the student got up**
Şarkısını bitirdiğinde öğrenci ayağa kalktı
**and he pulled out a note-book**
ve bir not defteri çıkardı
**and he found a lead-pencil in his pocket**
ve cebinde kurşun kalem buldu
**'She has form,' he said to himself**
"Formu var," dedi kendi kendine
**'that she has form cannot be denied to her'**
'Forma sahip olduğu inkar edilemez'
**'but does she have feeling?'**
"Ama duygusu var mı?"
**'I am afraid she has no feeling'**
'Korkarım hiçbir duygusu yok'

**'In fact, she is like most artists'**

'Aslında çoğu sanatçı gibi'
**'she is all style, without any sincerity'**
'O tamamen tarzlı, samimiyetsiz'
**'She would not sacrifice herself for others'**
'Başkaları için kendini feda etmezdi'
**'She thinks merely of music'**
'Sadece müziği düşünüyor'
**'and everybody knows that the arts are selfish'**
'Ve herkes sanatın bencilce olduğunu biliyor'

**'Still, it must be admitted that she has some beautiful notes'**
"Yine de itiraf etmek gerekir ki bazı güzel notları var"
**'it's a pity her song does not mean anything'**
'Şarkısının hiçbir şey ifade etmemesi üzücü'
**'and it's a pity her song is not useful'**
'Ve şarkısının işe yaramaması üzücü'
**And he went into his room**
Ve odasına girdi
**and he lay down on his little pallet-bed**
ve küçük palet yatağına uzandı
**and he began to think of his love until he fell asleep**
ve uyuyana kadar aşkını düşünmeye başladı

**And when the moon shone in the heavens the nightingale flew to the Rose-tree**
Ve ay göklerde parladığında, bülbül Gül ağacına uçtu
**and she set her breast against the thorn**
ve göğsünü dikenin üzerine koydu
**All night long she sang with her breast against the thorn**
Bütün gece boyunca göğsüyle dikenlere karşı şarkı söyledi
**and the cold crystal Moon leaned down and listened**
Ve soğuk kristal Ay eğildi ve dinledi
**All night long she sang**
Bütün gece boyunca şarkı söyledi
**and the thorn went deeper and deeper into her breast**
ve diken göğsüne gittikçe daha da derinleşti
**and her life-blood ebbed away from her**

ve hayat kanı ondan uzaklaştı

**First she sang of the birth of love in the heart of a boy and a girl**
İlk önce bir oğlanın ve bir kızın kalbinde aşkın doğuşunu söyledi
**And on the topmost branch of the rose-tree there blossomed a marvellous rose**
Ve gül ağacının en üst dalında muhteşem bir gül açtı
**petal followed petal, as song followed song**
Petal, şarkıyı takip ettiği gibi Petal'ı takip etti
**At first the rose was still pale**
İlk başta gül hala soluktu

**as pale as the mist that hangs over the river**
nehrin üzerinde asılı duran sis kadar soluk
**as pale as the feet of the morning**
sabahın ayakları kadar soluk
**and as silver as the wings of dawn**
ve şafağın kanatları kadar gümüş
**As pale the shadow of a rose in a mirror of silver**
Gümüş aynada bir gülün gölgesi kadar soluk
**as pale as the shadow of a rose in a pool of water**
bir su havuzundaki bir gülün gölgesi kadar soluk

**But the Tree cried to the nightingale;**
Ama Ağaç bülbüle bağırdı;
**'Press closer, little nightingale, or the day will come before the rose is finished'**
'Daha yakından bastır, küçük bülbül, yoksa gül bitmeden gün gelecek'
**So the nightingale pressed closer against the thorn**
Böylece bülbül dikenlere doğru yaklaştı
**and her song grew louder and louder**
Ve şarkısı gittikçe daha da yükseldi
**because she sang of the birth of passion in the soul of a man and a maid**

çünkü bir adamın ve bir hizmetçinin ruhunda tutkunun doğuşunu söyledi

**And the leaves of the rose flushed a delicate pink**
Ve gülün yaprakları narin bir pembeye büründü
**like the flush in the face of the bridegroom when he kisses the lips of the bride**
damadın gelinin dudaklarını öptüğünde yüzündeki kızarıklık gibi
**But the thorn had not yet reached her heart**
Ama diken henüz kalbine ulaşmamıştı
**so the rose's heart remained white**
Böylece gülün kalbi beyaz kaldı
**because only a nightingale's blood can crimson the heart of a rose**
Çünkü sadece bir bülbülün kanı bir gülün kalbini kıpkırmızı edebilir

**And the Tree cried to the nightingale;**
Ve Ağaç bülbüle bağırdı;
**'Press closer, little nightingale, or the day will come before the rose is finished'**
'Daha yakından bastır, küçük bülbül, yoksa gül bitmeden gün gelecek'
**So the nightingale pressed closer against the thorn**
Böylece bülbül dikenlere doğru yaklaştı
**and the thorn touched her heart**
ve diken kalbine dokundu
**and a fierce pang of pain shot through her**
ve şiddetli bir acı sancısı onun içinden fırladı

**Bitter, bitter was the pain**
Acı, acı acıydı
**and wilder and wilder grew her song**
ve Wilder ve Wilder şarkısını büyüttü
**because she sang of the love that is perfected by death**
Çünkü ölümle mükemmelleşen sevgiyi söyledi
**she sang of the love that does not die in life**

Hayatta ölmeyen aşkın şarkısını söyledi
**she sang of the love that does not die in the tomb**
mezarda ölmeyen aşkı söyledi
**And the marvellous rose became crimson like the rose of the eastern sky**
Ve muhteşem gül, doğu gökyüzünün gülü gibi kıpkırmızı oldu
**Crimson was the girdle of petals**
Kıpkırmızı, yaprakların kuşağıydı
**as crimson as a ruby was the heart**
bir yakut kadar kıpkırmızı kalp oldu

**But the nightingale's voice grew fainter**
Ama bülbülün sesi sönükleşti
**and her little wings began to beat**
ve küçük kanatları çırpmaya başladı
**and a film came over her eyes**
ve gözlerinin üzerinden bir film geldi
**fainter and fainter grew her song**
Sönük ve sönük şarkısını büyüttü
**and she felt something choking her in her throat**
ve boğazında onu boğan bir şey hissetti
**then she gave one last burst of music**
Sonra son bir müzik patlaması yaptı

**the white Moon heard it, and she forgot the dawn**
Beyaz Ay bunu duydu ve şafağı unuttu
**and she lingered in the sky**
Ve gökyüzünde oyalandı
**The red rose heard it**
Kırmızı gül bunu duydu
**and the rose trembled with ecstasy**
ve gül ecstasy ile titredi
**and the rose opened its petals to the cold morning air**
ve gül yapraklarını soğuk sabah havasına açtı

**Echo carried it to her purple cavern in the hills**
Echo onu tepelerdeki mor mağarasına taşıdı

**and it woke the sleeping shepherds from their dreams**
ve uyuyan çobanları rüyalarından uyandırdı
**It floated through the reeds of the river**
Nehrin sazlıkları arasında süzüldü
**and the rivers carried its message to the sea**
ve nehirler mesajını denize taşıdı

**'Look, look!' cried the Tree**
"Bak, bak!" diye bağırdı Ağaç
**'the rose is finished now'**
'Gül artık bitti'
**but the nightingale made no answer**
ama bülbül cevap vermedi
**for she was lying dead in the long grass, with the thorn in her heart**
çünkü uzun otların arasında, yüreğinde diken ile ölü yatıyordu

**And at noon the student opened his window and looked out**
Öğlen öğrenci penceresini açtı ve dışarı baktı
**'What a wonderful piece of luck!' he cried**
"Ne harika bir şans!" diye bağırdı
**'here is a red rose!'**
'İşte kırmızı bir gül!'
**'I have never seen any rose like it'**
'Daha önce hiç böyle bir gül görmedim'
**'It is so beautiful that I am sure it has a long Latin name'**
'O kadar güzel ki eminim uzun Latince bir adı var'
**he leaned down and plucked the rose**
eğildi ve gülü kopardı
**then he ran up to the professor's house with the rose in his hand**
sonra elinde gülle profesörün evine koştu

**The professor's daughter was sitting in the doorway**
Profesörün kızı kapıda oturuyordu
**she was winding blue silk on a reel**
mavi ipeği bir makaranın üzerine sarıyordu

**and her little dog was lying at her feet**
ve küçük köpeği ayaklarının dibinde yatıyordu
**'You said that you would dance with me if I brought you a red rose'**
"Sana kırmızı bir gül getirirsem benimle dans edeceğini söylemiştin."
**'Here is the reddest rose in all the world'**
'İşte dünyanın en kırmızı gülü'
**'You will wear it tonight, next your heart'**
'Bu gece onu giyeceksin, kalbinin yanında'
**'While we dance together it will tell you how I love you'**
'Birlikte dans ederken, seni nasıl sevdiğimi anlatacak'

**But the girl frowned**
Ama kız kaşlarını çattı
**'I am afraid it will not go with my dress'**
'Korkarım elbisemle gitmeyecek'
**'Anyway, the Chamberlain's nephew sent me some real jewels'**
"Her neyse, Chamberlain'in yeğeni bana gerçek mücevherler gönderdi."
**'and everybody knows jewels cost more than flowers'**
'Ve herkes mücevherlerin çiçeklerden daha pahalıya mal olduğunu biliyor'
**'Well, you are very ungrateful!' said the Student angrily**
"Eh, sen çok nankörsün!" dedi Öğrenci öfkeyle
**and he threw the rose into the street**
ve gülü sokağa attı
**and the rose fell into the gutter**
ve gül oluğa düştü
**and a cart-wheel ran over the rose**
ve bir araba tekerleği gülün üzerinden geçti

**'Ungrateful!' said the girl**
"Nankör!" dedi kız
**'Let me tell you this; you are very rude'**
"Size şunu söyleyeyim; sen çok kabasın"

'and who are you anyway? Only a Student!'
"Peki sen kimsin zaten? Sadece bir öğrenci!"
'You don't even have silver buckles on your shoes'
'Ayakkabılarında gümüş tokalar bile yok'
'The Chamberlain's nephew has far nicer shoes'
'Chamberlain'in yeğeninin çok daha güzel ayakkabıları var'
and she got up from her chair and went into the house
ve sandalyesinden kalkıp eve girdi

'What a silly thing Love is,' said the Student, while he walked away
"Aşk ne aptalca bir şey," dedi Öğrenci, uzaklaşırken
'love is not half as useful as Logic'
'Aşk, mantığın yarısı kadar yararlı değildir'
'because it does not prove anything'
'Çünkü hiçbir şeyi kanıtlamıyor'
'Love always tells of things that won't happen'
'Aşk her zaman olmayacak şeyleri söyler'
'and love makes you believe things that are not true'
'Ve aşk seni doğru olmayan şeylere inandırır'
'In fact, love is quite unpractical'
'Aslında aşk oldukça pratik değil'

'in this age being practical is everything'
'Bu çağda pratik olmak her şeydir'
'I shall go back to Philosophy and I will study Metaphysics'
'Felsefeye geri döneceğim ve Metafizik çalışacağım'
So he returned to his room
Böylece odasına döndü
and he pulled out a great dusty book
ve büyük tozlu bir kitap çıkardı
and he began to read
ve okumaya başladı

**The End / Son**

www.tranzlaty.com

www.ingramcontent.com/pod-product-compliance
Lightning Source LLC
Chambersburg PA
CBHW011955090526
44591CB00020B/2790